大方廣佛華嚴經 讀誦

21

🏵 일러두기

1. 『독송본 한문 · 한글역 대방광불화엄경』은 실차난타가 한역(695~699)한 80권 『대방광불화엄경』의 한문 원문과 한글역을 함께 수록한 것이다. 한문에는 음사와 현토를 부기하였다.

2. 원문의 저본은 고종 2년(1865) 월정사에서 인경한 고려대장경 『대방광불화엄경』에 한암 스님이 현토(1949년)한 것을 범룡 스님이 영인 출판(1990년)한 『대방광불화엄경』이다.

3. 한문은 저본에서 누락되었거나 글자가 다르다고 판단된 부분은 저본인 고려대장경 각권의 말미에 교감되어 있는 내용을 중심으로 하고 봉은사판 『대방광불화엄경수소연의초』와 신수대장경 각주에서 밝힌 교감본을 참조하여 보입하고 수정하였다.

4. 한글 번역은 동국역경원에서 발간한 한글 『대방광불화엄경』(운허)을 중심으로 하고 『신화엄경합론』(탄허)과 『대방광불화엄경 강설』(여천무비) 그리고 최근의 여타 번역본 등을 참조하였다.

5. 저본의 원문에서 이체자의 경우 흔글이 제공하는 이체자는 그대로 살리고 흔글이 제공하지 않는 글자는 통용되는 정자로 바꾸었다. 예) 閒 → 閑 / 焰 → 㷿 / 宮 → 宮 / 偁 → 稱

6. 한글 번역은 독송과 사경을 위하여 정확성과 아울러 가독성을 고려하였다. 극존칭은 부처님과 불경계에 대해서만 사용하였다.

7. 독송본의 차례는 일러두기 → 본문 → 화엄경 목차 → 간행사의 순차이다.
   (법공양판에는 간행사 다음에 간행불사 동참자를 밝혀 두었다.)

8. 독송본의 한글역은 사경의 편의를 도모하기 위해 그 편집을 달리하여 『사경본 한글역 대방광불화엄경』으로 함께 간행한다. 독송본과 사경본 모두 80권 『대방광불화엄경』의 권별 목차 순으로 간행한다.

독송본 한문·한글역

대방광불화엄경 제21권
大方廣佛華嚴經 卷第二十一

22. 십무진장품
十無盡藏品 第二十二

실차난타 한역
수미해주 한글역

㉑

大方廣佛華嚴經第二十一卷變相周

대방광불화엄경 제21권 변상도

대방광불화엄경

제 21권

22. 십무진장품

대방광불화엄경 권제이십일
大方廣佛華嚴經 卷第二十一

십무진장품 제이십이
十無盡藏品 第二十二

이시 공덕림보살 부고제보살언
爾時에 功德林菩薩이 復告諸菩薩言하니라

불자 보살마하살 유십종장 과거미래
佛子야 菩薩摩訶薩이 有十種藏하니 過去未來

현재제불 이설당설금설
現在諸佛이 已說當說今說이시니라

대방광불화엄경 제21권

22. 십무진장품

그때에 공덕림 보살이 다시 모든 보살들에게 말씀하였다.

"불자들이여, 보살마하살이 열 가지 장이 있으니 과거 미래 현재의 모든 부처님께서 이미 말씀하셨고, 앞으로 말씀하실 것이며, 지금 말

하등　위십
何等이 爲十고

소위신장　　계장　　참장　　괴장　　문장
所謂信藏과 戒藏과 慚藏과 愧藏과 聞藏과

시장　혜장　　염장　지장　변장　　시위십
施藏과 慧藏과 念藏과 持藏과 辯藏이니 是爲十이니라

불자　　하등　위보살마하살　신장
佛子야 何等이 爲菩薩摩訶薩의 信藏고

차보살　신일체법공　　신일체법무상
此菩薩이 信一切法空하며 信一切法無相하며

신일체법무원　　신일체법무작　　신일체
信一切法無願하며 信一切法無作하며 信一切

씀하신다.

　무엇이 열인가?

　이른바 신장과 계장과 참장과 괴장과 문장과 시장과 혜장과 염장과 지장과 변장이다. 이것이 열이다.

　불자들이여, 어떤 것이 보살마하살의 신장인가?

　이 보살이 일체 법이 공함을 믿으며, 일체 법이 모양 없음을 믿으며, 일체 법이 원이 없음

법무분별　　　신일체법무소의　　　신일체법
法無分別하며 信一切法無所依하며 信一切法

불가량　　　신일체법무유상　　　신일체법난
不可量하며 信一切法無有上하며 信一切法難

초월　　　신일체법무생
超越하며 信一切法無生하나니라

약보살　　　능여시수순일체법　　　생정신이
若菩薩이 能如是隨順一切法하야 生淨信已에

문제불법불가사의　　　심불겁약　　　문일체
聞諸佛法不可思議호대 心不怯弱하며 聞一切

불불가사의　　　심불겁약
佛不可思議호대 心不怯弱하나니라

문중생계불가사의　　　심불겁약　　　문법계
聞衆生界不可思議호대 心不怯弱하며 聞法界

을 믿으며, 일체 법이 지음이 없음을 믿으며, 일체 법이 분별이 없음을 믿으며, 일체 법이 의지한 데 없음을 믿으며, 일체 법이 헤아릴 수 없음을 믿으며, 일체 법이 위없음을 믿으며, 일체 법이 초월하기 어려움을 믿으며, 일체 법이 생겨남이 없음을 믿는다.

만약 보살이 능히 이와 같이 일체 법을 수순해서 청정한 믿음을 내고는 모든 부처님의 법이 불가사의함을 들어도 마음이 겁약하지 않으며, 일체 부처님께서 불가사의하심을 들어도 마음이 겁약하지 않는다.

불가사의　　심불겁약　　문허공계불가사
不可思議호대 心不怯弱하며 聞虛空界不可思

의　　심불겁약　　문열반계불가사의　　심
議호대 心不怯弱하며 聞涅槃界不可思議호대 心

불겁약
不怯弱하나니라

문과거세불가사의　　심불겁약　　문미래
聞過去世不可思議호대 心不怯弱하며 聞未來

세불가사의　　심불겁약　　문현재세불가
世不可思議호대 心不怯弱하며 聞現在世不可

사의　　심불겁약　　문입일체겁불가사의
思議호대 心不怯弱하며 聞入一切劫不可思議호대

심불겁약
心不怯弱하나니라

하이고　　차보살　　어제불소　　일향견신
何以故오 此菩薩이 於諸佛所에 一向堅信하야

중생계가 불가사의함을 들어도 마음이 겁약하지 않으며, 법계가 불가사의함을 들어도 마음이 겁약하지 않으며, 허공계가 불가사의함을 들어도 마음이 겁약하지 않으며, 열반계가 불가사의함을 들어도 마음이 겁약하지 않는다.

과거세가 불가사의함을 들어도 마음이 겁약하지 않으며, 미래세가 불가사의함을 들어도 마음이 겁약하지 않으며, 현재세가 불가사의함을 들어도 마음이 겁약하지 않으며, 일체 겁에 들어감이 불가사의함을 들어도 마음이 겁약하지 않는다.

무슨 까닭인가? 이 보살이 모든 부처님 처소

지불지혜　무변무진
知佛智慧의 無邊無盡이니라

시방무량제세계중　일일각유무량제불
十方無量諸世界中에 一一各有無量諸佛이

어아뇩다라삼먁삼보리　이득금득당득
於阿耨多羅三藐三菩提에 已得今得當得하시며

이출세금출세당출세　이입열반금입열
已出世今出世當出世하시며 已入涅槃今入涅

반당입열반
槃當入涅槃하시나라

피제불지혜　부증불감　불생불멸　부
彼諸佛智慧는 不增不減이며 不生不滅이며 不

진불퇴　불근불원　무지무사
進不退며 不近不遠이며 無知無捨나라

차보살　입불지혜　성취무변무진신
此菩薩이 入佛智慧하야 成就無邊無盡信일새

에서 한결같이 견고하게 믿어 부처님의 지혜가 가없고 다함없음을 안다.

시방의 한량없는 모든 세계 가운데 낱낱이 각각 한량없는 모든 부처님이 계셔서 아뇩다라삼먁삼보리를 이미 얻으셨고, 지금 얻으시고, 앞으로 얻으실 것이며, 이미 출세하셨고, 지금 출세하시고, 앞으로 출세하실 것이며, 이미 열반에 드셨고, 지금 열반에 드시고, 앞으로 열반에 드실 것이다.

저 모든 부처님의 지혜는 늘어나지도 않고 줄어들지도 않으며, 나지도 않고 멸하지도 않으며, 나아가지도 않고 물러나지도 않으며, 가깝지도

득차신이 심불퇴전 심불잡란 불가
得此信已에 心不退轉하며 心不雜亂하며 不可

파괴 무소염착
破壞하며 無所染著하니라

상유근본 수순성인 주여래가 호지
常有根本하며 隨順聖人하며 住如來家하며 護持

일체제불종성
一切諸佛種性하니라

증장일체보살신해 수순일체여래선근
增長一切菩薩信解하며 隨順一切如來善根하며

출생일체제불방편
出生一切諸佛方便하나니라

시명보살마하살신장 보살 주차신
是名菩薩摩訶薩信藏이니라 菩薩이 住此信

장 즉능문지일체불법 위중생설
藏하야는 則能聞持一切佛法하야 爲衆生說하야

않고 멀지도 않으며, 앎도 없고 버림도 없다.

이 보살이 부처님 지혜에 들어가 가없고 다함없는 믿음을 성취한다. 이 믿음을 얻고는 마음이 퇴전하지 않으며, 마음이 잡란하지 않으며, 파괴할 수 없으며, 염착하는 바가 없다.

항상 근본이 있으며, 성인을 수순하며, 여래의 집에 머무르며, 일체 모든 부처님의 종성을 보호하여 지킨다.

일체 보살의 믿음과 이해를 증장하며, 일체 여래의 선근을 수순하며, 일체 모든 부처님의 방편을 출생한다.

이것이 이름이 보살마하살의 신장이다. 보살

개 령 개 오
皆令開悟하나니라

불자　　하등　　위보살마하살　　계장
佛子야 **何等**이 **爲菩薩摩訶薩**의 **戒藏**고

차보살　　성취보요익계　　불수계　　부주계
此菩薩이 **成就普饒益戒**와 **不受戒**와 **不住戒**와

무회한계　　무위쟁계　　불손뇌계　　무잡예
無悔恨戒와 **無違諍戒**와 **不損惱戒**와 **無雜穢**

계　　무탐구계　　무과실계　　무훼범계
戒와 **無貪求戒**와 **無過失戒**와 **無毀犯戒**니라

이 이 신장에 머물러서는 곧 능히 일체 부처님의 법을 듣고 지녀서 중생들을 위해 설하여 다 깨닫게 한다.

불자들이여, 어떤 것이 보살마하살의 계장인가?

이 보살이 널리 요익하는 계와, 받지 않는 계와, 머무르지 않는 계와, 뉘우침이 없는 계와, 어기고 다툼이 없는 계와, 괴롭히고 해롭게 하지 않는 계와, 섞이고 더러움이 없는 계와, 탐

운하위보요익계
云何爲普饒益戒오

차보살　수지정계　본위이익일체중생
此菩薩이 受持淨戒는 本爲利益一切衆生이니라

운하위불수계
云何爲不受戒오

차보살　불수행외도　제소유계　단성자
此菩薩이 不受行外道의 諸所有戒하고 但性自

정진　봉지삼세제불여래　평등정계
精進하야 奉持三世諸佛如來의 平等淨戒니라

운하위부주계
云何爲不住戒오

하여 구함이 없는 계와, 과실이 없는 계와, 헐고 범함이 없는 계를 성취한다.

무엇을 널리 요익하는 계라 하는가?

이 보살이 청정한 계를 받아 지님은 본래 일체 중생을 이익케 하기 위함이다.

무엇을 받지 않는 계라 하는가?

이 보살이 외도들의 모든 있는 바 계를 받아 행하지 아니하고, 다만 성품이 스스로 정진하여 삼세 모든 부처님 여래의 평등하고 청정한 계를 받들어 지닌다.

차보살　수지계시　심부주욕계　부주색
此菩薩이 受持戒時에 心不住欲界하며 不住色

계　부주무색계
界하며 不住無色界하나니라

하이고　불구생피　이지계고
何以故오 不求生彼하야 而持戒故니라

운하위무회한계
云何爲無悔恨戒오

차보살　항득안주무회한심
此菩薩이 恒得安住無悔恨心하나니라

하이고　부작중죄　불행첨사　불파정
何以故오 不作重罪하며 不行諂詐하며 不破淨

계고
戒故니라

무엇을 머무르지 않는 계라 하는가?

이 보살이 계를 받아 지닐 때 마음이 욕계에 머무르지 아니하며, 색계에 머무르지 아니하며, 무색계에 머무르지 아니한다.

무슨 까닭인가? 그곳에 태어나기를 구하여 계를 지니는 것이 아니기 때문이다.

무엇을 뉘우침이 없는 계라 하는가?

이 보살이 항상 뉘우침이 없는 마음에 편안히 머무른다.

무슨 까닭인가? 무거운 죄를 짓지 아니하며, 아첨하거나 속임을 행하지 아니하며, 청정한

운하위무위쟁계
云何爲無違諍戒오

차보살　불비선제　　불갱조립　　심상수
此菩薩이 不非先制하고 不更造立하며 心常隨

순　　향열반계　　구족수지　　무소훼범
順하야 向涅槃戒하며 具足受持하야 無所毀犯하며

불이지계　뇌타중생　　영기생고　　단원
不以持戒로 惱他衆生하야 令其生苦하고 但願

일체　심상환희　　이지어계
一切로 心常歡喜하야 而持於戒니라

운하위불뇌해계
云何爲不惱害戒오

차보살　불인어계　　학제주술　　조작방
此菩薩이 不因於戒하야 學諸呪術하야 造作方

계를 파하지 아니하는 까닭이다.

무엇을 어기고 다툼이 없는 계라 하는가?
이 보살이 먼저 제정한 것을 어기지 않고 다시 조립하지 않으며, 마음이 언제나 수순하여 열반의 계를 향하여 구족하게 받아 지니고 헐거나 범하는 바가 없으며, 계를 지님으로써 다른 중생을 괴롭혀서 그로 하여금 고통스럽게 하지 않으며, 다만 일체가 마음이 항상 환희하기를 원하여 계를 지닌다.

무엇을 괴롭히고 해롭게 하지 않는 계라 하

약 뇌해중생 단위구호일체중생 이
藥하야 惱害衆生하고 但爲救護一切衆生하야 而

지어계
持於戒니라

운하위부잡계
云何爲不雜戒오

차보살 불착변견 부지잡계 단관연
此菩薩이 不著邊見하며 不持雜戒하고 但觀緣

기 지출리계
起하야 持出離戒니라

운하위무탐구계
云何爲無貪求戒오

는가?

이 보살이 계로 인하여 모든 주술을 배워서 처방약을 만들어 중생을 괴롭히고 해롭게 하지 않고, 다만 일체 중생을 구호하기 위하여 계를 지닌다.

무엇을 섞이지 않는 계라 하는가?

이 보살이 변견에 집착하지 않으며, 섞인 계를 지니지 않고, 다만 연기를 관하여 벗어나는 계를 지닌다.

무엇을 탐하여 구함이 없는 계라 하는가?

차보살　불현이상　　창기유덕　　단위만
此菩薩이 不現異相하야 彰己有德하고 但爲滿

족출리법고　이지어계
足出離法故로 而持於戒니라

운하위무과실계
云何爲無過失戒오

차보살　부자공고　　언아지계　　견파계
此菩薩이 不自貢高하야 言我持戒하며 見破戒

인　　역불경훼　　영타괴치　　단일기심
人호대 亦不輕毁하야 令他愧恥하고 但一其心하야

이지어계
而持於戒니라

이 보살이 기이한 모양을 나타내어 자기에게 덕이 있음을 드러내지 않고, 다만 벗어나는 법을 만족하기 위한 까닭으로 계를 지닌다.

무엇을 과실이 없는 계라 하는가?

이 보살이 스스로를 높이 받들어서 '나는 계를 지녔다'고 말하지 않으며, 파계한 사람을 보되 또한 가벼이 여기고 비방하여 그로 하여금 부끄럽게 하지 아니하고, 다만 그 마음을 한결같이 하여 계를 지닌다.

무엇을 헐고 범함이 없는 계라 하는가?

운하위무훼범계
云何爲無毁犯戒오

차보살　영단살도사음　망어양설악구　급
此菩薩이 永斷殺盜邪婬과 妄語兩舌惡口와 及

무의어　탐진사견　구족수지십종선
無義語와 貪瞋邪見하고 具足受持十種善

업
業하나니라

보살　지차무범계시　작시념언　일체중
菩薩이 持此無犯戒時에 作是念言호대 一切衆

생　훼범정계　개유전도　유불세존　능지
生이 毁犯淨戒는 皆由顚倒라 唯佛世尊이 能知

중생　이하인연　이생전도　훼범정
衆生의 以何因緣으로 而生顚倒하야 毁犯淨

계
戒하시나니라

이 보살이 살생과 도둑질과 사음과 거짓말과 두 가지 말과 악한 말과 옳지 않은 말과 탐욕과 성냄과 사견을 영원히 끊고, 열 가지 선업을 구족하게 받아 지닌다.

보살이 이 범함이 없는 계를 지닐 때 이 생각을 하여 말하되 '일체 중생이 청정한 계를 헐고 범함은 다 전도를 말미암은 것이다. 오직 부처님 세존께서 중생이 무슨 인연으로 전도되어 청정한 계를 헐고 범하는지를 능히 아신다.

내가 마땅히 위없는 보리를 성취하고 널리 중생들을 위하여 진실한 법을 설하여 전도를

아당성취무상보리　　광위중생　　설진실
我當成就無上菩提하고 **廣爲衆生**하야 **說眞實**

법　　영리전도
法하야 **令離顚倒**라하나니라

시명보살마하살　　제이계장
是名菩薩摩訶薩의 **第二戒藏**이니라

불자　　하등　　위보살마하살　　참장
佛子야 **何等**이 **爲菩薩摩訶薩**의 **慚藏**고

차보살　　억념과거소작제악　　이생어참
此菩薩이 **憶念過去所作諸惡**하야 **而生於慚**하나니라

여의게 하리라.' 고 한다.

이것이 이름이 보살마하살의 둘째 계장이다.

불자들이여, 어떤 것이 보살마하살의 참장인 가?

이 보살이 과거에 지은 모든 악을 생각하여 부끄러움을 낸다.

말하자면 저 보살이 마음에 스스로 생각하여 말하되 '내가 비롯함이 없는 때로부터 모

위피보살　심자념언　아무시세래　여제
謂彼菩薩이 心自念言호대 我無始世來로 與諸

중생　개실호작부모형제자매남녀　구
衆生으로 皆悉互作父母兄弟姉妹男女하야 具

탐진치　교만첨광　급여일체제번뇌고　갱
貪瞋癡와 憍慢諂誑과 及餘一切諸煩惱故로 更

상뇌해　체상능탈　간음상살　무악부
相惱害하고 遞相陵奪하야 姦婬傷殺을 無惡不

조
造하나니라

일체중생　실역여시　이제번뇌　비조중
一切衆生도 悉亦如是하야 以諸煩惱로 備造衆

악　　시고　각각불상공경　불상존중
惡하나니라 是故로 各各不相恭敬하며 不相尊重하며

불상승순　불상겸하　불상계도　불상
不相承順하며 不相謙下하며 不相啓導하며 不相

든 중생과 더불어 모두 다 서로 부모와 형제와 자매와 남녀가 되어서 탐욕과 성냄과 어리석음과 교만과 아첨과 속임과 그리고 나머지 일체 모든 번뇌를 갖추었으므로, 다시 서로 괴롭히고 해치며 번갈아 서로 업신여기고 빼앗으며 간음하고 살상하여 악을 짓지 않음이 없었다.

일체 중생도 모두 또한 이와 같이 하여 모든 번뇌로 온갖 악을 갖추어 지었다. 그러므로 각각 서로 공경하지 아니하며, 서로 존중하지 아니하며, 서로 받들어 따르지 아니하며, 서로 겸손하지 아니하며, 서로 계도하지 아니하며,

호석　갱상살해　호위원수
護惜하고 更相殺害하야 互爲怨讎하나니라

자유아신　급제중생　거래현재　행무참
自惟我身과 及諸衆生이 去來現在에 行無慚

법　삼세제불　무불지견　금약부단차
法을 三世諸佛이 無不知見하시니 今若不斷此

무참행　삼세제불　역당견아　아당
無慚行이면 三世諸佛이 亦當見我하시리니 我當

운하유행부지　심위불가
云何猶行不止리오 甚爲不可로다

시고　아응전심단제　증아뇩다라삼먁삼
是故로 我應專心斷除하고 證阿耨多羅三藐三

보리　광위중생　설진실법
菩提하야 廣爲衆生하야 說眞實法이라하나니라

서로 보호하여 아끼지 아니하며, 다시 서로 살해하여 서로 원수가 되었다.

스스로 생각하니 나의 몸과 모든 중생들이 과거와 미래와 현재에 부끄러움이 없는 법 행하는 것을 삼세의 모든 부처님께서 알고 보지 않음이 없으시다. 이제 만약 이 부끄러움이 없는 행을 끊지 않으면 삼세의 모든 부처님께서 또한 마땅히 나를 보시리니, 내가 어찌 오히려 행하면서 그치지 아니하리오. 매우 옳지 못한 것이다.

그러므로 나는 응당 전심으로 끊어 없애고

시명보살마하살 제삼참장
是名菩薩摩訶薩의 第三慚藏이니라

불자 하등 위보살마하살 괴장
佛子야 何等이 爲菩薩摩訶薩의 愧藏고

차보살 자괴석래 어오욕중 종종탐구
此菩薩이 自愧昔來로 於五欲中에 種種貪求하야

무유염족 인차증장탐에치등 일체번
無有厭足일새 因此增長貪恚癡等의 一切煩

뇌 아금불응부행시사
惱니 我今不應復行是事라하니라

아뇩다라삼먁삼보리를 증득하여, 널리 중생

들을 위하여 진실한 법을 설하리라.' 고 한다.

이것이 이름이 보살마하살의 셋째 참장이다.

불자들이여, 어떤 것이 보살마하살의 괴장인

가?

이 보살이 스스로 부끄러워하기를 '옛적부터

오욕 가운데 갖가지로 탐내어 구하여 만족해

싫어함이 없었다. 이로 인하여 탐욕과 성냄과

어리석음 등의 일체 번뇌를 증장하였으니, 내

우작시념　　중생　　무지　　기제번뇌　　구
又作是念호대 衆生이 無智하야 起諸煩惱하야 具

행악법　　불상공경　　불상존중　　내지전
行惡法하야 不相恭敬하고 不相尊重하며 乃至展

전호위원수　　여시등악　　무불비조　　조
轉互爲怨讎하야 如是等惡을 無不備造하고 造

이환희　　추구칭탄　　맹무혜안　　무소지
已歡喜하야 追求稱歎하며 盲無慧眼하야 無所知

견
見하나라

어모인복중　　입태수생　　성구예신　　필
於母人腹中에 入胎受生하야 成垢穢身하야 畢

경지어발백면추
竟至於髮白面皺하나라

가 이제 마땅히 다시는 이런 일을 행하지 아니하리라.' 고 한다.

또 이 생각을 하기를 '중생들이 지혜가 없어서 모든 번뇌를 일으켜서 악법을 갖추어 행하여 서로 공경하지 아니하고, 서로 존중하지 아니하며, 내지 점점 더 서로 원수가 되어서, 이와 같은 악을 갖추어 짓지 않음이 없고, 짓고 나서는 환희하여 칭찬하기를 추구하며 눈멀어 지혜의 눈이 없어서 알고 보는 바가 없다.

어머니의 배 속에 입태하고 태어나서 더러운

유지혜자　　관차　　단시종음욕생부정지법
有智慧者는 觀此에 但是從婬欲生不淨之法이라

삼세제불　　개실지견　　　약아어금　　유행
三世諸佛이 皆悉知見하시나니 若我於今에 猶行

시사　　　즉위기광삼세제불　　시고　　아당
是事하면 則爲欺誑三世諸佛이라 是故로 我當

수행어괴　　　속성아뇩다라삼먁삼보리
修行於愧하야 速成阿耨多羅三藐三菩提하고

광위중생　　　설진실법
廣爲衆生하야 說眞實法이라하나니라

시명보살마하살　　제사괴장
是名菩薩摩訶薩의 第四愧藏이니라

몸을 이루어 필경에는 머리가 희고 얼굴에 주름이 진다.

지혜 있는 자는 이것이 다만 음욕으로 생기는 부정한 법임을 관찰하고 삼세의 모든 부처님께서 모두 다 알고 보시거늘, 만약 내가 이제 이 일을 오히려 행하면 곧 삼세의 모든 부처님을 속이는 것이다. 그러므로 내가 마땅히 부끄러움을 수행하여 아뇩다라삼먁삼보리를 빨리 이루고 널리 중생들을 위하여 진실한 법을 설하리라.' 고 한다.

이것이 이름이 보살마하살의 넷째 괴장이다.

불자 하등 위보살마하살 문장
佛子야 何等이 爲菩薩摩訶薩의 聞藏고

차보살 지시사 유고 시사 유 시사
此菩薩이 知是事가 有故로 是事가 有하고 是事가

무고 시사 무 시사 기고 시사
無故로 是事가 無하며 是事가 起故로 是事가

기 시사 멸고 시사 멸 시세간
起하고 是事가 滅故로 是事가 滅하며 是世間

법 시출세간법 시유위법 시무위
法이요 是出世間法이며 是有爲法이요 是無爲

법 시유기법 시무기법
法이며 是有記法이요 是無記法이니라

하등 위시사유고 시사유 위무명 유
何等이 爲是事有故로 是事有오 謂無明이 有

불자들이여, 어떤 것이 보살마하살의 문장인가?

이 보살이 이 일이 있으므로 이 일이 있고, 이 일이 없으므로 이 일이 없으며, 이 일이 일어나므로 이 일이 일어나고, 이 일이 멸하므로 이 일이 멸하며, 이것은 세간법이고 이것은 출세간법이며, 이것은 유위법이고 이것은 무위법이며, 이것은 유기법이고 이것은 무기법임을 안다.

어떤 것이 이 일이 있으므로 이 일이 있음인

고　　행유　　　하등　　위시사무고　　시사무
故로　行有니라　何等이　爲是事無故로　是事無오

위식무고　　명색　　무
謂識無故로　名色이　無니라

하등　　위시사기고　　시사기　　위애기고　　　고
何等이　爲是事起故로　是事起오　謂愛起故로　苦

기　　　하등　　위시사멸고　　시사멸　　위유멸
起니라　何等이　爲是事滅故로　是事滅고　謂有滅

고　　생멸
故로　生滅이니라

하등　　위세간법　　소위색수상행식　　　　하
何等이　爲世閒法고　所謂色受想行識이니라　何

등　　위출세간법　　소위계정혜해탈해탈지
等이　爲出世閒法고　所謂戒定慧解脫解脫知

가? 말하자면 무명이 있으므로 행이 있음이다. 어떤 것이 이 일이 없으므로 이 일이 없음인가? 말하자면 식이 없으므로 명색이 없음이다.

어떤 것이 이 일이 일어나므로 이 일이 일어남인가? 말하자면 애가 일어나므로 고가 일어남이다. 어떤 것이 이 일이 멸하므로 이 일이 멸함인가? 말하자면 유가 멸하므로 생이 멸함이다.

어떤 것이 세간법인가? 이른바 색과 수와 상과 행과 식이다. 어떤 것이 출세간법인가? 이른바 계와 정과 혜와 해탈과 해탈지견이다.

견
見이니라

하등　　위유위법　　소위욕계　　색계　　무색계
何等이 爲有爲法고 所謂欲界와 色界와 無色界와

중생계　　　하등　　위무위법　　소위허공　　열
衆生界니라 何等이 爲無爲法고 所謂虛空과 涅

반　　수연멸　　비수연멸　　연기　　법성주
槃과 數緣滅과 非數緣滅과 緣起와 法性住니라

하등　　위유기법　　위사성제　　사사문과　　사
何等이 爲有記法고 謂四聖諦와 四沙門果와 四

변　　사무소외　　사념처　　사정근　　사신족
辯과 四無所畏와 四念處와 四正勤과 四神足과

어떤 것이 유위법인가? 이른바 욕계와 색계와 무색계와 중생계이다. 어떤 것이 무위법인가? 이른바 허공과 열반과 헤아림의 연으로 멸함과 헤아림의 연이 아님으로 멸함과 연기와 법성주이다.

어떤 것이 유기법인가? 말하자면 사성제와 사사문과와 사변과 사무소외와 사념처와 사정근과 사신족과 오근과 오력과 칠각분과 팔성도분이다.

어떤 것이 무기법인가? 말하자면 세간이 끝

오근   오력   칠각분   팔성도분
五根과 **五力**과 **七覺分**과 **八聖道分**이니라

하등   위무기법   위세간유변   세간무변
何等이 **爲無記法**고 **謂世間有邊**과 **世間無邊**과

세간역유변역무변   세간비유변비무변
世間亦有邊亦無邊과 **世間非有邊非無邊**이니라

세간유상   세간무상   세간역유상역무상
世間有常과 **世間無常**과 **世間亦有常亦無常**과

세간비유상비무상
世間非有常非無常이니라

여래멸후유   여래멸후무   여래멸후역유
如來滅後有와 **如來滅後無**와 **如來滅後亦有**

역무   여래멸후비유비무
亦無와 **如來滅後非有非無**니라

이 있음과, 세간이 끝이 없음과, 세간이 끝이 있기도 하고 끝이 없기도 함과, 세간이 끝이 있는 것도 아니고 끝이 없는 것도 아님이다.

세간이 항상함이 있음과, 세간이 항상함이 없음과, 세간이 항상함이 있기도 하고 항상함이 없기도 함과, 세간이 항상함이 있는 것도 아니고 항상함이 없는 것도 아님이다.

여래께서 입멸하신 뒤에 계심과, 여래께서 입멸하신 뒤에 안 계심과, 여래께서 입멸하신 뒤에 계시기도 하고 안 계시기도 함과, 여래께서 입멸하신 뒤에 계시는 것도 아니고 안 계시는 것도 아님이다.

아급중생유　　아급중생무　　아급중생역유
我及衆生有와　我及衆生無와　我及衆生亦有

역무　　아급중생비유비무
亦無와　我及衆生非有非無니라

과거　유기여래　　반열반　기성문벽지불
過去에　有幾如來의　般涅槃과　幾聲聞辟支佛의

반열반　　미래　유기여래　　기성문벽지불
般涅槃이며　未來에　有幾如來와　幾聲聞辟支佛과

기중생　　현재　유기불주　기성문벽지불
幾衆生이며　現在에　有幾佛住와　幾聲聞辟支佛

주　기중생주
住와　幾衆生住니라

하등여래　최선출　하등성문벽지불　최
何等如來가　最先出이며　何等聲聞辟支佛이　最

선출　하등중생　최선출　하등여래　최
先出이며　何等衆生이　最先出이며　何等如來가　最

나와 중생이 있음과, 나와 중생이 없음과, 나와 중생이 있기도 하고 없기도 함과, 나와 중생이 있는 것도 아니고 없는 것도 아님이다.

과거에 몇 분 여래께서 열반에 드심과, 몇 성문과 벽지불이 열반에 듦이 있었으며, 미래에 몇 분의 여래와 몇 성문과 벽지불과 몇 중생이 있을 것이며, 현재에 몇 분의 부처님께서 머무르심과 몇 성문과 벽지불의 머무름과 몇 중생의 머무름이 있는가?

어떠한 여래께서 가장 먼저 출현하셨으며, 어떠한 성문과 벽지불이 가장 먼저 났으며, 어

後^출出이며 何^하等^등聲^성聞^문辟^벽支^지佛^불이 最^최後^후出^출이며 何^하等^등

衆^중生^생이 最^최後^후出^출이며 何^하法^법이 最^최在^재初^초며 何^하法^법이 最^최

在^재後^후오

世^세間^간이 從^종何^하處^처來^래며 去^거至^지何^하所^소며 有^유幾^기世^세界^계成^성이며

有^유幾^기世^세界^계壞^괴며 世^세界^계가 從^종何^하處^처來^래며 去^거至^지何^하所^소오

何^하者^자가 爲^위生^생死^사最^최初^초際^제며 何^하者^자가 爲^위生^생死^사最^최後^후

際^제오 是^시名^명無^무記^기法^법이니라

떠한 중생이 가장 먼저 났으며, 어떠한 여래께서 가장 뒤에 출현하시며, 어떠한 성문과 벽지불이 가장 뒤에 나며, 어떠한 중생들이 가장 뒤에 나는가? 무슨 법이 가장 처음에 있었으며, 무슨 법이 가장 뒤에 있는가?

세간은 어느 곳으로부터 왔으며, 어느 곳으로 가서 이르는가? 몇 세계가 이루어짐이 있으며, 몇 세계가 무너짐이 있으며, 세계가 어느 곳으로부터 왔으며 어느 곳으로 가서 이르는가?

무엇이 생사의 최초 경계이며, 무엇이 생사의 최후 경계인가? 이것이 이름이 무기법이다.

보살마하살 　 작여시념 　 　 일체중생 　 어생
菩薩摩訶薩이 作如是念호대 一切衆生이 於生

사중 　 무유다문 　 　 불능요지차일체법
死中에 無有多聞하야 不能了知此一切法하나니

아당발의 　 　 지다문장 　 　 증아뇩다라삼먁
我當發意하야 持多聞藏하야 證阿耨多羅三藐

삼보리 　 위제중생 　 설진실법
三菩提하고 爲諸衆生하야 說眞實法이라하나니라

시명보살마하살 　 제오다문장
是名菩薩摩訶薩의 第五多聞藏이니라

보살마하살이 이와 같이 생각하기를 '일체 중생이 생사 가운데 많이 듣지 못하여 능히 이 일체 법을 분명히 알지 못하니, 내가 마땅히 뜻을 내어 많이 듣는 장을 가져서 아뇩다라삼먁삼보리를 증득하고, 모든 중생들을 위하여 진실한 법을 설하리라.' 고 한다.

이것이 이름이 보살마하살의 다섯째 다문장이다.

불자   하등   위보살마하살   시장
佛子야 何等이 爲菩薩摩訶薩의 施藏고

차 보 살   행 십 종 시   소 위 분 감 시   갈 진
此菩薩이 行十種施하나니 所謂分減施와 竭盡

시   내 시   외 시   내 외 시   일 체 시   과 거 시
施와 內施와 外施와 內外施와 一切施와 過去施와

미 래 시   현 재 시   구 경 시
未來施와 現在施와 究竟施니라

불자   운 하 위 보 살   분 감 시
佛子야 云何爲菩薩의 分減施오

차 보 살   품 성 인 자   호 행 혜 시   약 득 미
此菩薩이 稟性仁慈하야 好行惠施라 若得美

불자들이여, 어떤 것이 보살마하살의 시장인가?

이 보살이 열 가지 보시를 행하니, 이른바 분감시와 갈진시와 내시와 외시와 내외시와 일체시와 과거시와 미래시와 현재시와 구경시이다.

불자들이여, 무엇을 보살의 분감시라 하는가?

이 보살은 품성이 인자하여 보시하기를 좋아한다. 만약 맛있는 음식을 얻으면 오로지 자기

미　　부전자수　　요여중생연후　　방식
味하면 不專自受하고 要與衆生然後에 方食하며

범소수물　　실역여시
凡所受物도 悉亦如是니라

약자식시　　작시념언　　아신중　　유팔만호
若自食時엔 作是念言호대 我身中에 有八萬戶

충　　의어아주　　아신충락　　피역충락
蟲이 依於我住하야 我身充樂하면 彼亦充樂하고

아신기고　　피역기고
我身飢苦하면 彼亦飢苦하나니라

아금수차소유음식　　원령중생　　보득충
我今受此所有飮食을 願令衆生으로 普得充

포　　위시피고　　이자식지　　불탐기미
飽하야 爲施彼故로 而自食之요 不貪其味라하나니라

부작시념　　아어장야　　애착기신　　욕령
復作是念호대 我於長夜에 愛著其身하야 欲令

만 받지 아니하고 반드시 중생들에게 준 뒤에야 비로소 먹으며, 무릇 받은 물건도 모두 또한 이와 같이 한다.

만약 자신이 먹을 때에는 이 생각을 하여 말하기를 '내 몸 가운데 팔만 호의 벌레들이 있어 나를 의지해 머무르니 내 몸이 충족하여 즐거우면 그들도 또한 충족하여 즐겁고, 내 몸이 굶주려서 괴로우면 저들도 또한 굶주려서 괴롭다.

내가 지금 받은 있는 바 음식을 중생들로 하여금 널리 충족하여 배부르게 하기를 원하여 그들에게 베풀기 위한 까닭으로 스스로 먹는 것

충포　　이수음식
充飽하야 而受飲食하나니라

금이차식　　혜시중생　　원아어신　　영단
今以此食으로 惠施衆生하야 願我於身에 永斷

탐착　　시명분감시
貪著이라하나니 是名分減施니라

운하위보살　갈진시
云何爲菩薩의 竭盡施오

불자　차보살　득종종상미음식　향화의복
佛子야 此菩薩이 得種種上味飲食과 香華衣服

자생지구　약자이수용　즉안락연년
資生之具하야 若自以受用하면 則安樂延年이요

약철기시인　즉궁고요명
若輟己施人하면 則窮苦夭命이니라

이지, 그 맛을 탐하는 것은 아니다.' 라고 한다.

다시 이 생각을 하기를 '내가 기나긴 세월에 그 몸을 애착하여 가득 배부르게 하려고 음식을 받았다.

이제 이 음식으로 중생들에게 베풀어서 내가 몸에 대해 탐욕과 애착을 영원히 끊기를 원한다.' 라고 한다. 이것이 이름이 분감시이다.

무엇을 보살의 갈진시라 하는가?

불자들이여, 이 보살이 갖가지 맛좋은 음식과 향과 꽃과 의복과 생활 도구를 얻어서, 만약 스스로 수용하면 곧 안락하여 수명을 연장

시혹유인　　내작시언　　여금소유　　실당여
時或有人이 來作是言호대 汝今所有를 悉當與

아　　　　　보살　　자념　　아무시이래　　이기
我하라하면 菩薩이 自念호대 我無始已來로 以飢

아고　　상신무수　　미증득유여호말허　　요
餓故로 喪身無數호대 未曾得有如毫末許도 饒

익중생　　이획선리　　금아역당동어왕석
益衆生하야 而獲善利니 今我亦當同於往昔하야

이사기명
而捨其命이라

시고　　응위요익중생　　수기소유　　일체
是故로 應爲饒益衆生하야 隨其所有하야 一切

개사　　내지진명　　역무소린　　시명
皆捨하며 乃至盡命하야도 亦無所吝이라하나니 是名

갈진시
竭盡施니라

할 것이고, 만약 자기에게는 거두고 다른 이에게 베풀면 곧 곤궁하고 고통스러워 요절할 것이다.

그때에 혹 어떤 사람이 와서 이 말을 하기를 '그대가 지금 가진 것을 모두 마땅히 나에게 시여하라'고 하면, 보살이 스스로 생각하되 '내가 비롯함이 없는 이래로 굶주린 까닭에 수없이 몸을 잃었으나 일찍이 털끝만큼도 중생들을 요익하여 좋은 이익을 얻음이 없었다. 이제 내가 또한 마땅히 지난 옛적과 같이 그 목숨을 버릴 것이다.

그러므로 마땅히 중생들을 요익하기 위하여

운하위보살　　내시
云何爲菩薩의 內施오

불자　　차보살　　연방소성　　단정미호　　　향
佛子야 此菩薩이 年方少盛에 端正美好하며 香

화의복　　　이엄기신　　　시수관정전륜왕위
華衣服으로 以嚴其身하고 始受灌頂轉輪王位하야

칠보구족　　　왕사천하　　　시혹유인　　내백
七寶具足하야 王四天下어든 時或有人이 來白

왕언
王言하니라

대왕　　당지　　아금쇠로　　신영중질　　　경
大王아 當知하라 我今衰老하야 身嬰重疾하고 煢

독이돈　　　사장불구
獨羸頓하야 死將不久니라

약득왕신　　수족혈육　　두목골수　　　아지신
若得王身의 手足血肉과 頭目骨髓인댄 我之身

그 있는 바를 따라 일체를 다 주며, 내지 목숨이 다하여도 또한 아끼는 것이 없으리라.' 고 한다. 이것이 이름이 갈진시이다.

무엇을 보살의 내시라 하는가?

불자들이여, 이 보살이 나이가 한창 젊고 단정하고 아름다우며 향과 꽃과 의복으로 그 몸을 장엄하고, 비로소 관정하여 전륜왕의 지위를 받아서 칠보를 구족하고 사천하를 다스렸는데, 그때에 어떤 사람이 와서 왕에게 말씀드렸다.

'대왕이여, 마땅히 아소서. 나는 지금 노쇠하

명   필기존활
命이 必冀存活이로소니라

유원대왕   막갱주량   유소고석   단견
唯願大王은 莫更籌量하야 有所顧惜하고 但見

자념   이시어아
慈念하야 以施於我하라하니라

이시보살   작시념언   금아차신   후필당
爾時菩薩이 作是念言호대 今我此身이 後必當

사   무일이익   의시질사   이제중생
死라 無一利益이니 宜時疾捨하야 以濟衆生이라하니라

염이시지   심무소회   시명내시
念已施之하야 心無所悔하나니 是名內施니라

운하위보살   외시
云何爲菩薩의 外施오

여 몸이 연약하고 중병에 걸렸으며, 외롭고 지쳐서 오래지 않아 곧 죽게 될 것입니다.

만약 왕의 몸에서 손과 발과 피와 살과 머리와 눈과 골수를 얻는다면 나의 목숨은 반드시 살아날 것입니다.

오직 원하오니 대왕은 다시 헤아려서 돌아보거나 아끼지 마시고 다만 자애로운 생각을 보여서 나에게 보시하소서.'

그때에 보살이 이 생각을 하여 말하되 '이제 나의 이 몸이 뒤에는 반드시 죽을 것이다. 하나도 이익이 없을 것이니, 마땅한 때에 빨리 버려서 중생을 구제하리라.' 고 한다. 생각하고

불자　　차보살　　연성색미　　　중상구족
佛子야 此菩薩이 年盛色美하야 衆相具足하며

명화상복　　　이이엄신　　　시수관정전륜왕
名華上服으로 而以嚴身하고 始受灌頂轉輪王

위　　　칠보구족　　　왕사천하　　　시혹유인
位하야 七寶具足하야 王四天下어든 時或有人이

내백왕언
來白王言하니라

아금빈구　　　중고핍박　　　　유원인자　　특
我今貧窶하야 衆苦逼迫이로소니 唯願仁慈는 特

수긍념　　　사차왕위　　　이섬어아　　　아당
垂矜念하사 捨此王位하야 以贍於我하소서 我當

통령　　　수왕복락
統領하야 受王福樂이라하니라

이시보살　　작시념언
爾時菩薩이 作是念言하니라

나서 보시하고 마음에 후회하는 바가 없다. 이것이 이름이 내시이다.

무엇을 보살의 외시라 하는가?

불자들이여, 이 보살이 나이가 젊고 용모가 아름다워 온갖 상을 구족하며, 좋은 꽃과 최상의 의복으로 몸을 장엄하고 비로소 관정하여 전륜왕의 지위를 받아서 칠보를 구족하고 사천하를 다스렸는데, 그때에 혹 어떤 사람이 와서 왕에게 말씀드렸다.

'나는 지금 가난하여 온갖 고통으로 핍박받습니다. 오직 원하오니 인자는 특별히 불쌍히

일체영성　　필당쇠헐　　어쇠헐시　　불능부
一切榮盛이 必當衰歇이라 於衰歇時엔 不能復

갱요익중생　　아금의응수피소구　　충만
更饒益衆生이니 我今冝應隨彼所求하야 充滿

기의
其意라하나라

작시념이　　즉변시지　　이무소회　　시
作是念已하고 卽便施之하야 而無所悔하나니 是

명외시
名外施니라

운하위보살　　내외시
云何爲菩薩의 內外施오

불자　차보살　　여상소설　　처윤왕위
佛子야 此菩薩이 如上所說하야 處輪王位하야

생각하시어 이 왕의 자리를 보시하여 나를 도

와주소서. 내가 마땅히 통할해 거느려서 왕의

복락을 받겠습니다.'

이때에 보살이 이 생각을 하여 말한다.

'일체 영화의 번성함은 반드시 마땅히 쇠락

하여 다한다. 쇠락하여 다할 때 다시는 중생

을 요익할 수 없으니, 내가 이제 마땅히 그 구

하는 바를 따라서 그 뜻을 충만케 하리라.'

이 생각을 하고 나서 곧 그것을 보시하고

후회하는 바가 없다. 이것이 이름이 외시이

다.

칠보구족　　　왕사천하　　　시혹유인　　이래
七寶具足하야 王四天下어든 時或有人이 而來

백언
白言하니라

차전륜위　　　왕처이구　　　아미증득　　　　유
此轉輪位에 王處已久나 我未曾得이로소니 唯

원대왕　　사지여아　　　　병급왕신　　　위아신
願大王은 捨之與我하시며 幷及王身이 爲我臣

복
僕하라하니라

이시보살　　작시념언
爾時菩薩이 作是念言하니라

아신재보　　　급이왕위　　　실시무상패괴지
我身財寶와 及以王位가 悉是無常敗壞之

법
法이라

무엇을 보살의 내외시라 하는가?

불자들이여, 이 보살이 위에 말한 바와 같이 전륜왕의 자리에 있어 칠보가 구족하고 사천하를 다스렸는데, 그때에 어떤 사람이 와서 말씀드렸다.

'이 전륜왕의 지위에 대왕이 계신 지가 이미 오래되었으나, 나는 일찍이 얻은 적이 없습니다. 오직 원하오니 대왕은 그 자리를 보시하여 나에게 주시고, 아울러 대왕이 몸소 나의 신하가 되소서.'

그때에 보살이 이 생각을 하여 말한다.

'나의 몸과 재물 보배와 왕의 지위는 모두 무

아금성장 부유천하 걸자 현전 당이
我今盛壯에 **富有天下**하니 **乞者**가 **現前**에 **當以**

불견 이구견법
不堅으로 **而求堅法**이라하니라

작시념이 즉변시지 내지이신 공근
作是念已하고 **卽便施之**하며 **乃至以身**으로 **恭勤**

작역 심무소회 시명내외시
作役호대 **心無所悔**하나니 **是名內外施**니라

운하위보살 일체시
云何爲菩薩의 **一切施**오

불자 차보살 역여상설 처윤왕위
佛子야 **此菩薩**도 **亦如上說**하야 **處輪王位**하야

칠보구족 왕사천하 시유무량빈궁지
七寶具足하야 **王四天下**어든 **時有無量貧窮之**

상하여 부서지고 무너지는 법이다.

나는 지금 장성하고 넉넉히 천하를 가졌는데 달라는 자가 앞에 나타났으니, 마땅히 견고하지 못한 것으로써 견고한 법을 구하리라.'

이 생각을 하고 나서 곧 그것을 보시하고 내지 몸소 공손하고 부지런히 섬기되 마음에 후회하는 바가 없다. 이것이 이름이 내외시이다.

무엇을 보살의 일체시라 하는가?

불자들이여, 이 보살도 또한 위에서 말한 것 같이 전륜왕의 지위에 있으면서 칠보를 구족하고 사천하를 다스렸는데, 그때에 한량없는

인   내예기전   이작시언
人이 來詣其前하야 而作是言하니라

대왕명칭   주문시방   아등   흠풍   고
大王名稱이 周聞十方하야 我等이 欽風일새 故

래지차 오조 금자 각유소구   원보수
來至此라 吾曹가 今者에 各有所求로소니 願普垂

자   영득만족
慈하사 令得滿足케하라

시제빈인   종피대왕   혹걸국토   혹걸
時諸貧人이 從彼大王하야 或乞國土하며 或乞

처자   혹걸수족   혈육심폐   두목수뇌
妻子하며 或乞手足과 血肉心肺와 頭目髓腦하면

보살   시시   심작시념
菩薩이 是時에 心作是念하니라

일체은애   회당별리   이어중생   무소요
一切恩愛가 會當別離하야 而於衆生에 無所饒

빈궁한 사람들이 있어 그 앞에 와서 이렇게 말씀드렸다.

'대왕의 명성이 시방에 두루 들려서 저희들이 풍모를 흠모하여 이곳까지 이르러 왔습니다. 저희들이 지금 각각 구하는 것이 있습니다. 원하오니 널리 자애를 드리워 만족을 얻게 하소서.'

그때에 모든 가난한 사람들이 그 대왕에게 혹은 국토를 달라 하며, 혹은 처자를 달라 하며, 혹은 손과 발과 피와 살과 심장과 폐와 머리와 눈과 골수와 뇌를 달라 하면, 보살은 이때 마음에 이 생각을 한다.

익
益이니 我今爲欲永捨貪愛하야 以此一切必離

산 물 만 중 생 원
散物로 滿衆生願이라하나니라

작 시 념 이 실 개 시 여 심 무 회 한 역 불
作是念已하고 悉皆施與호대 心無悔恨하며 亦不

어 중 생 이 생 염 천 시 명 일 체 시
於衆生에 而生厭賤하나니 是名一切施니라

운 하 위 보 살 과 거 시
云何爲菩薩의 過去施오

차 보 살 문 과 거 제 불 보 살 소 유 공 덕 문
此菩薩이 聞過去諸佛菩薩의 所有功德하고 聞

이 불 착 요 달 비 유 불 기 분 별 불 탐
已不著하나니라 了達非有하야 不起分別하며 不貪

'일체 은혜와 애정은 모이면 당연히 이별하여 중생들에게 요익하는 바가 없다. 나는 이제 탐욕과 애정을 영원히 버리고, 이 일체의 반드시 떠나고 흩어지는 것으로써 중생들의 원을 만족하게 하리라.'

이 생각을 하고 나서 모두 다 시여하고 마음에 후회하거나 한탄함이 없으며, 또한 중생들을 싫어하거나 천하게 여기지도 않는다. 이것이 이름이 일체시이다.

무엇을 보살의 과거시라 하는가?

이 보살이 과거 모든 부처님과 보살에게 있

불미　　역불구취　　무소의의
不味하며 亦不求取하며 無所依倚하나니라

견법여몽　　무유견고　　어제선근　　불기
見法如夢하야 無有堅固하며 於諸善根에 不起

유상　　역무소의　　단위교화취착중생
有想하며 亦無所倚하고 但爲敎化取著衆生하야

성숙불법　　이위연설
成熟佛法하야 而爲演說이니라

우부관찰　　과거제법　　시방추구　　도불
又復觀察호대 過去諸法을 十方推求하야도 都不

가득　　　작시념이　　어과거법　　필경개
可得이라하나니라 作是念已하고 於過去法에 畢竟皆

사　　　시명과거시
捨하나니 是名過去施니라

는 공덕을 듣고, 듣고 나서 집착하지 아니한다. 있는 것이 아닌 줄 요달하여 분별을 일으키지 않으며, 탐내지 않고 맛들이지 않으며, 또한 구하여 취하지도 않고 의지해 기대지도 아니한다.

법은 꿈과 같아서 견고함이 없음을 보며, 모든 선근에 있다는 생각을 일으키지 않고 또한 의지하는 바도 없다. 다만 집착하는 중생들을 교화하여 불법을 성숙시키기 위하여 연설한다.

또 다시 관찰하되 '과거의 모든 법을 시방으로 추구하여도 도무지 얻을 수 없다.' 고 한다.

운하위보살 미래시
云何爲菩薩의 未來施오

차보살 문미래제불지소수행 요달비
此菩薩이 聞未來諸佛之所修行하고 了達非

유 불취어상 불별락왕생제불국토
有하야 不取於相하며 不別樂往生諸佛國土하야

불미불착 역불생염
不味不著호대 亦不生厭이라

불이선근 회향어피 역불어피 이퇴
不以善根으로 迴向於彼하며 亦不於彼에 而退

선근 상근수행 미증폐사 단욕인
善根하야 常勤修行하야 未曾廢捨하나라 但欲因

피경계 섭취중생 위설진실 영성숙
彼境界하야 攝取衆生일새 爲說眞實하야 令成熟

불법
佛法이니라

이 생각을 하고서는 과거의 법들을 끝까지 다 버린다. 이것이 이름이 과거시이다.

무엇을 보살의 미래시라 하는가?

이 보살이 미래 모든 부처님께서 수행하시는 것을 듣고, 있는 것이 아님을 요달하여 모양을 취하지 아니하며, 달리 모든 불국토에 왕생하기를 즐겨하지 아니하며, 맛들이지 아니하며, 집착하지 아니하되 또한 싫어하지도 아니한다.

선근으로써 저기에 회향하지도 아니하고, 또한 저기에서 선근에서 물러나지도 아니하며,

연차법자　비유처소　비무처소　비내비외
然此法者는 **非有處所**며 **非無處所**며 **非內非外**며

비근비원
非近非遠이니라

부작시념　　약법비유　　불가불사　　　시
復作是念호대 **若法非有**인댄 **不可不捨**라하나니 **是**

명미래시
名未來施니라

운하위보살　현재시
云何爲菩薩의 **現在施**오

차보살　문사천왕중천　삼십삼천　야마천
此菩薩이 **聞四天王衆天**과 **三十三天**과 **夜摩天**과

도솔타천　화락천　타화자재천　범천
兜率陀天과 **化樂天**과 **他化自在天**과 **梵天**에

항상 부지런히 수행하여 일찍이 폐하거나 버리지 아니한다. 다만 저 경계로 인하여 중생들을 거두어 주며 진실을 설하여 불법을 성숙시키려 할 뿐이다.

그러나 이 법은 처소가 있지도 않고 처소가 없지도 않으며, 안도 아니고 밖도 아니며, 가깝지도 않고 멀지도 않다.

다시 이 생각을 하기를 '만약 법이 있는 것이 아니라면 버리지 않을 수 없다.' 라고 한다. 이것이 이름이 미래시이다.

무엇을 보살의 현재시라 하는가?

범신천　　범보천　　범중천　　대범천　　광천
梵身天과　梵輔天과　梵衆天과　大梵天과　光天에

소광천　　무량광천　　광음천　　정천　　소정천
少光天과　無量光天과　光音天과　淨天에　少淨天과

무량정천　　변정천　　광천　　소광천　　무량
無量淨天과　徧淨天과　廣天에　少廣天과　無量

광천　　광과천　　무번천　　무열천　　선견천
廣天과　廣果天과　無煩天과　無熱天과　善見天과

선현천　　색구경천　　내지문성문연각　　구
善現天과　色究竟天하며　乃至聞聲聞緣覺의　具

족공덕　　문이　기심　　불미불몰　　불취
足功德이라도　聞已에　其心이　不迷不沒하며　不聚

불산
不散하니라

단관제행　여몽부실　　무유탐착　　위령
但觀諸行이　如夢不實하야　無有貪著이로대　爲令

이 보살이 사천왕중천과 삼십삼천과 야마천
과 도솔타천과 화락천과 타화자재천과, 범천에
범신천과 범보천과 범중천과 대범천과, 광천
에 소광천과 무량광천과 광음천과, 정천에 소
정천과 무량정천과 변정천과, 광천에 소광천과
무량광천과 광과천과, 무번천과 무열천과 선견
천과 선현천과 색구경천을 듣고, 내지 성문과
연각의 구족한 공덕을 듣는다. 듣고 나서 그
마음이 미혹하지 않고 침몰하지 않으며 모이
지 않고 흩어지지 않는다.

다만 모든 행이 꿈같이 실답지 않음을 관찰
하여 탐착함이 없되 중생으로 하여금 나쁜 갈

중생   사리악취   심무분별   수보살
衆生으로 捨離惡趣하야 心無分別하며 修菩薩

도   성취불법   이위개연   시명현재
道하야 成就佛法하야 而爲開演하나니 是名現在

시
施니라

운하위보살   구경시
云何爲菩薩의 究竟施오

불자   차보살   가사유무량중생   혹유무
佛子야 此菩薩이 假使有無量衆生이 或有無

안   혹유무이   혹무비설   급이수족
眼하며 或有無耳하며 或無鼻舌과 及以手足이라

내지기소   고보살언   아신   박호   제
來至其所하야 告菩薩言호대 我身이 薄祜하야 諸

래를 버리고 떠나서 마음에 분별이 없으며 보살도를 닦아서 불법을 성취케 하기 위하여 연설한다. 이것이 이름이 현재시이다.

무엇을 보살의 구경시라 하는가?

불자들이여, 이 보살이 가령 한량없는 중생들이 있는데 혹은 눈이 없고 혹은 귀가 없고 혹은 코와 혀와 및 손과 발이 없는지라 그 처소에 와서 보살에게 말하기를 '우리 몸이 복이 적어서 모든 근이 온전하지 못합니다. 오직 원하오니 인자는 좋은 방편으로 자기의 소유를 버려서 우리로 하여금 구족하게 하소

근잔결 　　유원인자 　이선방편 　사기
根殘缺이로소니 **唯願仁慈**는 **以善方便**으로 **捨己**

소유 　　영아구족 　　　보살 　문지 　즉
所有하야 **令我具足**케하라하면 **菩薩**이 **聞之**하고 **卽**

변시여
便施與하나라

가사유차 　　경아승지겁 　　제근불구 　　역
假使由此하야 **經阿僧祇劫**토록 **諸根不具**라도 **亦**

불심생일념회석 　　단자관신 　종초입태
不心生一念悔惜하고 **但自觀身**이 **從初入胎**로

부정미형 　포단제근 　생로병사
不淨微形과 **胞段諸根**이 **生老病死**하나라

우관차신 　무유진실 　　무유참괴 　비현
又觀此身이 **無有眞實**하고 **無有慚愧**하야 **非賢**

성물 　취예불결 　골절상지 　혈육소도
聖物이라 **臭穢不潔**이며 **骨節相持**요 **血肉所塗**며

서.' 라고 하면, 보살이 그것을 듣고 곧 베풀어 준다.

가령 이것을 말미암아 아승지겁을 지내도록 모든 근이 갖추어지지 않을지라도 또한 마음에 잠깐도 후회하고 아까워하지 않는다. 다만 스스로 '몸이 처음 태에 들 때부터 부정하고 미미한 형상으로 모든 근을 형성하여 나고 늙고 병들고 죽는다.' 라고 관한다.

또 '이 몸이 진실함이 없고 부끄러움이 없어서 성현의 물건이 아니며, 냄새나고 더럽고 불결하며, 골절이 서로 지지하고 피와 살이 싸고 있으며, 아홉 구멍에서는 항상 흘러 사람이 싫

구공상류 인소오천 작시관이 불
九孔常流에 **人所惡賤**이라하야 **作是觀已**하고 **不**

생일념애착지심
生一念愛著之心하나라

부작시념 차신 위취 무유견고 아
復作是念호대 **此身**이 **危脆**하야 **無有堅固**하니 **我**

금운하이생연착 응이시피 충만기
今云何而生戀著이리오 **應以施彼**하야 **充滿其**

원 여아소작 이차개도일체중생 영
願하며 **如我所作**하야 **以此開導一切衆生**하야 **令**

어신심 불생탐애 실득성취청정지
於身心에 **不生貪愛**하야 **悉得成就淸淨智**

신 시명구경시
身이라하나니 **是名究竟施**니라

시위보살마하살 제육시장
是爲菩薩摩訶薩의 **第六施藏**이니라

45

어하고 천하게 여기는 것이다.' 라고 관한다. 이렇게 관하고 나서 잠깐도 애착하는 마음을 내지 아니한다.

다시 이 생각을 하되 '이 몸이 위태하고 연약하여 견고함이 없으니 내가 지금 어찌 연연하여 집착하리오. 마땅히 저들에게 보시하여 그 원을 채우며, 내가 지은 바와 같이 이로써 일체 중생을 개도하여 몸과 마음에 탐애를 내지 아니하고, 모두 청정한 지혜 몸을 얻게 하리라.' 고 한다. 이것이 이름이 구경시이다.

이것이 보살마하살의 여섯째 시장이다.

불자　하등　위보살마하살　혜장
佛子야 何等이 爲菩薩摩訶薩의 慧藏고

차보살　어색　여실지　색집　여실지
此菩薩이 於色에 如實知하고 色集에 如實知하고

색멸　여실지　색멸도　여실지
色滅에 如實知하고 色滅道에 如實知하나니라

어수상행식　여실지　수상행식집　여실
於受想行識에 如實知하고 受想行識集에 如實

지　수상행식멸　여실지　수상행식멸
知하고 受想行識滅에 如實知하고 受想行識滅

도　여실지
道에 如實知하나니라

어무명　여실지　무명집　여실지　무명
於無明에 如實知하고 無明集에 如實知하고 無明

불자들이여, 어떤 것이 보살마하살의 혜장인
가?

이 보살이 색을 사실대로 알고, 색의 집을
사실대로 알고, 색의 멸을 사실대로 알고, 색
이 멸하는 도를 사실대로 안다.

수·상·행·식을 사실대로 알고, 수·상·행·
식의 집을 사실대로 알고, 수·상·행·식의 멸
을 사실대로 알고, 수·상·행·식이 멸하는 도
를 사실대로 안다.

무명을 사실대로 알고, 무명의 집을 사실대
로 알고, 무명의 멸을 사실대로 알고, 무명이

滅_에 如實知_{하고} 無明滅道_에 如實知_{하나니라}

於愛_에 如實知_{하고} 愛集_에 如實知_{하고} 愛滅_에 如

實知_{하고} 愛滅道_에 如實知_{하나니라}

於聲聞_에 如實知_{하고} 聲聞法_에 如實知_{하고} 聲聞

集_에 如實知_{하고} 聲聞涅槃_에 如實知_{하나니라}

於獨覺_에 如實知_{하고} 獨覺法_에 如實知_{하고} 獨覺

集_에 如實知_{하고} 獨覺涅槃_에 如實知_{하나니라}

於菩薩_에 如實知_{하고} 菩薩法_에 如實知_{하고} 菩薩

멸하는 도를 사실대로 안다.

애를 사실대로 알고, 애의 집을 사실대로 알고, 애의 멸을 사실대로 알고, 애가 멸하는 도를 사실대로 안다.

성문을 사실대로 알고, 성문의 법을 사실대로 알고, 성문의 집을 사실대로 알고, 성문의 열반을 사실대로 안다.

독각을 사실대로 알고, 독각의 법을 사실대로 알고, 독각의 집을 사실대로 알고, 독각의 열반을 사실대로 안다.

보살을 사실대로 알고, 보살의 법을 사실대로 알고, 보살의 집을 사실대로 알고, 보살의

집에 如實知하고 菩薩涅槃에 如實知하나니라

云何知오 知從業報諸行因緣之所造作은 一

切虛假하야 空無有實하야 非我非堅固며 無有

少法可得成立이니라

欲令衆生으로 知其實性하야 廣爲宣說하나니 爲

說何等고 說諸法不可壞니라

열반을 사실대로 안다.

어떻게 아는가? 업을 따른 과보와 모든 행의 인연으로 지은 것은 일체가 허망하고 거짓이어서 공하고 실상이 없어서 '나'도 아니고 견고함도 아니며 조그만 법도 성립할 것이 없음을 안다.

중생들로 하여금 그 진실한 성품을 알게 하려고 널리 연설한다. 무엇을 설하는가? 모든 법은 파괴할 수 없음을 설한다.

무슨 법을 파괴할 수 없는가? 색을 파괴할

하등법 불가괴 색불가괴 수상행식 불
何等法이 不可壞오 色不可壞며 受想行識이 不

가괴 무명 불가괴 성문법독각법보살
可壞며 無明이 不可壞며 聲聞法獨覺法菩薩

법 불가괴
法이 不可壞니라

하이고 일체법 무작무작자 무언설무
何以故오 一切法이 無作無作者며 無言說無

처소 불생불기 불여불취 무동전무작
處所며 不生不起며 不與不取며 無動轉無作

용
用이니라

보살 성취여시등무량혜장 이소방편
菩薩이 成就如是等無量慧藏하야 以少方便으로

요일체법 자연명달 불유타오
了一切法호대 自然明達이요 不由他悟니라

수 없으며, 수·상·행·식을 파괴할 수 없으며,

무명을 파괴할 수 없으며, 성문법과 독각법과

보살법을 파괴할 수 없다.

　무슨 까닭인가? 일체 법이 지음도 없고 지은

자도 없으며, 언설도 없고 처소도 없으며, 나

지도 않고 일어나지도 않으며, 함께하지도 않

고 취하지도 않으며, 움직임도 없고 작용도 없

다.

　보살이 이와 같이 한량없는 혜장을 성취한

다. 조그만 방편으로 일체 법을 요달하되 자연

히 밝게 통달하고 다른 이를 말미암아 깨닫지

아니한다.

차 혜 무 진 장　　유 십 종 불 가 진　　　고 설 위 무
此慧無盡藏이 有十種不可盡일새 故說爲無

진
盡이니라

하 등　　위 십
何等이 爲十고

소 위 다 문 선 교　　불 가 진 고　　친 근 선 지 식　　　불
所謂多聞善巧가 不可盡故며 親近善知識이 不

가 진 고　　선 분 별 구 의　　불 가 진 고　　입 심 법
可盡故며 善分別句義가 不可盡故며 入深法

계　　불 가 진 고
界가 不可盡故니라

이 일 미 지 장 엄　　불 가 진 고　　집 일 체 복 덕　　심
以一味智莊嚴이 不可盡故며 集一切福德에 心

무 피 권　　불 가 진 고　　입 일 체 다 라 니 문　　불 가
無疲倦이 不可盡故며 入一切陀羅尼門이 不可

이 지혜의 무진장은 열 가지 다할 수 없는 것이 있으므로 무진이라 말한다.

무엇이 열인가?

이른바 다문의 선교가 다할 수 없는 까닭이며, 선지식을 친근함이 다할 수 없는 까닭이며, 문구와 뜻을 잘 분별함이 다할 수 없는 까닭이며, 깊은 법계에 들어감이 다할 수 없는 까닭이다.

한 맛의 지혜로 장엄함이 다할 수 없는 까닭이며, 일체 복덕을 모으되 마음에 피로하고 게으름이 없음이 다할 수 없는 까닭이며, 일체 다라니문에 들어감이 다할 수 없는 까닭이며,

진고   능분별일체중생어언음성   불가진
盡故며 能分別一切衆生語言音聲이 不可盡

고
故니라

능단일체중생의혹   불가진고   위일체중
能斷一切衆生疑惑이 不可盡故며 爲一切衆

생   현일체불신력   교화조복   영수행
生하야 現一切佛神力하야 敎化調伏하야 令修行

부단   불가진고   시위십
不斷이 不可盡故니 是爲十이니라

시위보살마하살   제칠혜장   주차장자
是爲菩薩摩訶薩의 第七慧藏이니 住此藏者는

득무진지혜   보능개오일체중생
得無盡智慧하야 普能開悟一切衆生이니라

능히 일체 중생의 말과 음성을 분별함이 다할
수 없는 까닭이다.

능히 일체 중생의 의혹을 끊음이 다할 수 없
는 까닭이며, 일체 중생을 위하여 일체 부처님
의 위신력을 나타내어 교화하고 조복하여 끊
임없이 수행하게 함이 다할 수 없는 까닭이다.
이것이 열이다.

이것이 보살마하살의 일곱째 혜장이다. 이
장에 머무르는 자는 다함없는 지혜를 얻어 널
리 능히 일체 중생을 열어 깨우친다.

불자 하등 위보살마하살 염장
佛子야 何等이 爲菩薩摩訶薩의 念藏고

차보살 사리치혹 득구족념 억념과
此菩薩이 捨離癡惑하고 得具足念하야 憶念過

거 일생이생 내지십생백생천생백천생
去의 一生二生과 乃至十生百生千生百千生

무량백천생 성겁 괴겁 성괴겁 비일
無量百千生과 成劫과 壞劫과 成壞劫과 非一

성겁 비일괴겁 비일성괴겁 백겁 천겁
成劫과 非一壞劫과 非一成壞劫과 百劫과 千劫과

백천억나유타 내지무수무량무변무등
百千億那由他와 乃至無數無量無邊無等과

불가수불가칭불가사불가량불가설불가설
不可數不可稱不可思不可量不可說不可說

불자들이여, 어떤 것이 보살마하살의 염장인가?

이 보살이 어리석고 미혹함을 여의고 구족한 기억을 얻어서, 과거의 일생 이생과, 내지 십생과 백생과 천생과 백천생과 무량 백천생과, 이루어지는 겁과 무너지는 겁과 이루어지고 무너지는 겁과, 한번 이루어지는 겁만이 아님과, 한번 무너지는 겁만이 아님과, 한번 이루어지고 무너지는 겁만이 아님과, 백겁과 천겁과 백천억 나유타와 내지 수없고 한량없고 가없고 같음이 없음과, 셀 수 없고 일컬을

불가설 겁
不可說劫하니라

염일불명호　　내지불가설불가설불명호
念一佛名号와　乃至不可說不可說佛名号하며

염일불출세설수기　　내지불가설불가설불
念一佛出世說授記와　乃至不可說不可說佛

출세설수기
出世說授記하니라

염일불출세설수다라　　내지불가설불가설
念一佛出世說修多羅와　乃至不可說不可說

불출세설수다라
佛出世說修多羅하니라

여수다라　　기야　　수기　　가타　　니다나
如修多羅하야　祇夜와　授記와　伽陀와　尼陀那와

우다나　　본사　　본생　　방광　　미증유　　비
優陀那와　本事와　本生과　方廣과　未曾有와　譬

수 없고 사의할 수 없고 헤아릴 수 없고 말할 수 없고 말할 수 없이 말할 수 없는 겁을 기억한다.

한 부처님 명호와 내지 말할 수 없이 말할 수 없는 부처님 명호를 기억하며, 한 부처님께서 출세하여 수기를 설하심과 내지 말할 수 없이 말할 수 없는 부처님께서 출세하여 수기를 설하심을 기억한다.

한 부처님께서 출세하여 수다라를 설하심과 내지 말할 수 없이 말할 수 없는 부처님께서 출세하여 수다라를 설하심을 기억한다.

수다라와 같이 기야와 수기와 가타와 니다나

유 논의 역여시
諭와 論議도 亦如是하니라

염일중회 내지불가설불가설중회 염연
念一衆會와 乃至不可說不可說衆會하며 念演

일법 내지연불가설불가설법
一法과 乃至演不可說不可說法하니라

염일근종종성 내지불가설불가설근종종
念一根種種性과 乃至不可說不可說根種種

성 염일근무량종종성 내지불가설불가
性하며 念一根無量種種性과 乃至不可說不可

설근무량종종성
說根無量種種性하니라

염일번뇌종종성 내지불가설불가설번뇌
念一煩惱種種性과 乃至不可說不可說煩惱

종종성 염일삼매종종성 내지불가설불
種種性하며 念一三昧種種性과 乃至不可說不

와 우다나와 본사와 본생과 방광과 미증유와

비유와 논의도 또한 이와 같다.

한 대중모임과 내지 말할 수 없이 말할 수 없

는 대중모임을 기억하며, 한 법을 연설함과 내

지 말할 수 없이 말할 수 없는 법을 연설함을

기억한다.

한 근기의 갖가지 성품과 내지 말할 수 없이

말할 수 없는 근기의 갖가지 성품을 기억하며,

한 근기의 한량없는 갖가지 성품과 내지 말할

수 없이 말할 수 없는 근기의 한량없는 갖가지

성품을 기억한다.

한 번뇌의 갖가지 성품과 내지 말할 수 없

가설삼매종종성
可說三昧種種性이니라

차념 유십종
此念이 **有十種**하니라

소위적정념 청정념 불탁념 명철념 이
所謂寂靜念과 **清淨念**과 **不濁念**과 **明徹念**과 **離**

진념 이종종진념 이구념 광요념 가애
塵念과 **離種種塵念**과 **離垢念**과 **光耀念**과 **可愛**

락념 무장애념
樂念과 **無障礙念**이라

보살 주시념시 일체세간 무능요란
菩薩이 **住是念時**에 **一切世間**이 **無能嬈亂**하며

이 말할 수 없는 번뇌의 갖가지 성품을 기억하며, 한 삼매의 갖가지 성품과 내지 말할 수 없이 말할 수 없는 삼매의 갖가지 성품을 기억한다.

이 기억이 열 가지가 있다.

이른바 적정한 기억과 청정한 기억과 탁하지 않은 기억과 명철한 기억과 티끌을 여읜 기억과 갖가지 티끌을 여읜 기억과 때를 여읜 기억과 광명이 빛난 기억과 사랑스러운 기억과 장애가 없는 기억이다.

일체이론　무능변동　　왕세선근　실득청
一切異論이 無能變動하며 往世善根이 悉得淸

정
淨하니라

어제세법　무소염착　　중마외도　소불능
於諸世法에 無所染著하며 衆魔外道의 所不能

괴
壞하니라

전신수생　무소망실　　과현미래　설법무
轉身受生에 無所忘失하며 過現未來에 說法無

진
盡하니라

어일체세계중　여중생동주　증무과구
於一切世界中에 與衆生同住호대 曾無過咎하며

입일체제불중회도량　무소장애　일체
入一切諸佛衆會道場호대 無所障礙하며 一切

보살이 이 기억에 머무른 때에 일체 세간이 능히 번거롭고 어지럽게 하지 못하며, 일체 다른 주장이 능히 변동하지 못하며, 지난 세상의 선근이 모두 청정함을 얻는다.

여러 세상법에 물들고 집착하는 것이 없으며, 온갖 마군과 외도가 능히 파괴하지 못하는 바이다.

몸을 바꾸어 태어나도 잊어버리는 것이 없으며, 과거와 현재와 미래에 법을 설함이 다함이 없다.

일체 세계에서 중생들과 더불어 함께 머무르되 일찍이 허물이 없으며, 일체 모든 부처님의

불소　실득친근
佛所에 悉得親近하나니라

시명보살마하살　제팔염장
是名菩薩摩訶薩의 第八念藏이니라

불자　하등　위보살마하살　지장
佛子야 何等이 爲菩薩摩訶薩의 持藏고

차보살　지제불소설수다라　문구의리
此菩薩이 持諸佛所說修多羅호대 文句義理를

무유망실　일생지　내지불가설불가설
無有忘失하야 一生持하고 乃至不可說不可說

생지
生持하니라

대중모임 도량에 들어가는 데 장애가 없으며,
일체 부처님 처소에 모두 친근함을 얻는다.
  이것이 이름이 보살마하살의 여덟째 염장이다.

  불자들이여, 어떤 것이 보살마하살의 지장인
가?

  이 보살이 모든 부처님께서 설하신 수다라를
지니되 문구와 의리를 잊지 아니하여 일생 동
안 지니고 내지 말할 수 없이 말할 수 없는 생
동안 지닌다.

지일불명호　　내지불가설불가설불명호
持一佛名号와　乃至不可說不可說佛名号하며

지일겁수　　내지불가설불가설겁수
持一劫數와　乃至不可說不可說劫數하니라

지일불수기　　내지불가설불가설불수기
持一佛授記와　乃至不可說不可說佛授記하며

지일수다라　　내지불가설불가설수다라
持一修多羅와　乃至不可說不可說修多羅하니라

지일중회　　내지불가설불가설중회　　지연
持一衆會와　乃至不可說不可說衆會하며　持演

일법　　내지연불가설불가설법　　지일근무
一法과　乃至演不可說不可說法하며　持一根無

량종종성　　내지불가설불가설근무량종종
量種種性과　乃至不可說不可說根無量種種

성
性하니라

한 부처님의 명호와 내지 말할 수 없이 말할 수 없는 부처님의 명호를 지니며, 한 겁의 수효와 내지 말할 수 없이 말할 수 없는 겁의 수효를 지닌다.

한 부처님의 수기와 내지 말할 수 없이 말할 수 없는 부처님의 수기를 지니며, 한 수다라와 내지 말할 수 없이 말할 수 없는 수다라를 지닌다.

한 대중모임과 내지 말할 수 없이 말할 수 없는 대중모임을 지니며, 한 법을 연설함과 내지 말할 수 없이 말할 수 없는 법을 연설함을 지니며, 한 근기의 한량없는 갖가지 성품과 내지 말할 수 없이 말할 수 없는 근기의 한량없는

지일번뇌종종성　　내지불가설불가설번뇌
持一煩惱種種性과 乃至不可說不可說煩惱

종종성　　　지일삼매종종성　　내지불가설불
種種性하며 持一三昧種種性과 乃至不可說不

가설삼매종종성
可說三昧種種性하니라

불자　차지장　무변난만　　난지기저　　난
佛子야 此持藏이 無邊難滿하며 難至其底하며 難

득친근　　무능제복　　　무량무진　　　구대위
得親近하며 無能制伏하며 無量無盡하며 具大威

력　시불경계　유불능료
力하야 是佛境界라 唯佛能了니라

시명보살마하살　제구지장
是名菩薩摩訶薩의 第九持藏이니라

갖가지 성품을 지닌다.

한 번뇌의 갖가지 성품과 내지 말할 수 없이 말할 수 없는 번뇌의 갖가지 성품을 지니며, 한 삼매의 갖가지 성품과 내지 말할 수 없이 말할 수 없는 삼매의 갖가지 성품을 지닌다.

불자들이여, 이 지장은 가없고 가득차기 어려우며, 그 바닥까지 이르기 어려우며, 친근하기 어려우며, 제어하여 조복할 수 없다. 한량이 없고 다함이 없으며, 큰 위력을 갖추어, 부처님의 경계이니 오직 부처님만이 능히 아신다.

이것이 이름이 보살마하살의 아홉째 지장이다.

불자　하등　위보살마하살　변장
佛子야 何等이 爲菩薩摩訶薩의 辯藏고

차보살　유심지혜　　요지실상　　광위중
此菩薩이 有深智慧하야 了知實相하고 廣爲衆

생　　연설제법　　불위일체제불경전　　설
生하야 演說諸法호대 不違一切諸佛經典하고 說

일품법　내지불가설불가설품법　　설일불
一品法과 乃至不可說不可說品法하며 說一佛

명호　내지불가설불가설불명호
名号와 乃至不可說不可說佛名号하니라

여시설일세계　　설일불수기　　설일수다
如是說一世界하며 說一佛授記하며 說一修多

라　설일중회　　설연일법
羅하며 說一衆會하며 說演一法하니라

불자들이여, 어떤 것이 보살마하살의 변장인가?

이 보살이 깊은 지혜가 있어서 실상을 분명히 알고 널리 중생을 위하여 모든 법을 연설하되 일체 모든 부처님의 경전과 어긋나지 아니하고, 한 품의 법과 내지 말할 수 없이 말할 수 없는 품의 법을 설하며, 한 부처님의 명호와 내지 말할 수 없이 말할 수 없는 부처님의 명호를 설한다.

이와 같이 한 세계를 설하며, 한 부처님의 수기를 설하며, 한 수다라를 설하며, 한 대중모

설일근무량종종성　　　　설일번뇌무량종종
說一根無量種種性하며 **說一煩惱無量種種**

성
性하니라

설일삼매무량종종성　　　　내지설불가설불가
說一三昧無量種種性하며 **乃至說不可說不可**

설삼매무량종종성
說三昧無量種種性하니라

혹일일설　　　혹반월일월설　　　혹백년천년
或一日說하며 **或半月一月說**하며 **或百年千年**

백천년설　　　혹일겁백겁천겁백천겁설
百千年說하며 **或一劫百劫千劫百千劫說**하며

혹백천억나유타겁설　　　혹무수무량　　　내지
或百千億那由他劫說하며 **或無數無量**과 **乃至**

불가설불가설겁설　　　겁수　　가진　　　일
不可說不可說劫說하야 **劫數**는 **可盡**이어니와 **一**

임을 설하며, 한 법을 연설한다.

한 근기의 한량없는 갖가지 성품을 설하며, 한 번뇌의 한량없는 갖가지 성품을 설한다.

한 삼매의 한량없는 갖가지 성품을 설하며, 내지 말할 수 없이 말할 수 없는 삼매의 한량없는 갖가지 성품을 설한다.

혹은 하루 동안 설하며, 혹은 보름이나 한 달 동안 설하며, 혹은 백년이나 천년이나 백천년 동안 설하며, 혹은 일겁이나 백겁이나 천겁이나 백천겁 동안 설하며, 혹은 백천억 나유타 겁 동안 설하며, 혹은 수없고 한량없고 내지 말할 수 없이 말할 수 없는 겁 동안 설하니,

문 일 구　　의 리 난 진
文一句는 **義理難盡**이니라

하 이 고　　차 보 살　　성 취 십 종 무 진 장 고
何以故오 **此菩薩**이 **成就十種無盡藏故**니라

성 취 차 장　　득 섭 일 체 법 다 라 니 문　　현 재 전
成就此藏에 **得攝一切法陀羅尼門**이 **現在前**하야

백 만 아 승 지 다 라 니　　이 위 권 속　　　득 차 다
百萬阿僧祇陀羅尼로 **以爲眷屬**하나니 **得此陀**

라 니 이　　이 법 광 명　　　광 위 중 생　　　연 설 어
羅尼已에 **以法光明**으로 **廣爲衆生**하야 **演說於**

법
法이니라

기 설 법 시　　이 광 장 설　　출 묘 음 성　　충 만 시
其說法時에 **以廣長舌**로 **出妙音聲**호대 **充滿十**

겁의 수효는 다할 수 있더라도 한 글자 한 문

구의 뜻과 이치는 다하기 어렵다.

　무슨 까닭인가? 이 보살이 열 가지 무진장

을 성취한 까닭이다.

　이 장을 성취함에 일체 법을 거두는 다라니

문이 앞에 나타남을 얻어 백만 아승지 다라니

로 권속을 삼았다. 이 다라니를 얻고 나서는

법의 광명으로써 널리 중생들을 위하여 법을

연설한다.

　그 법을 설할 때에 넓고 긴 혀로 미묘한 음

성을 내어 시방의 일체 세계에 충만하여, 그

방일체세계　수기근성　실령만족　심
方一切世界_{하야} 隨其根性_{하야} 悉令滿足_{하고} 心

득환희　멸제일체번뇌전구
得歡喜_{하야} 滅除一切煩惱纏垢_{하나라}

선입일체음성언어문자변재　영일체중
善入一切音聲言語文字辯才_{하야} 令一切衆

생　불종부단　정심상속　역이법광
生_{으로} 佛種不斷_{하고} 淨心相續_{하며} 亦以法光

명　이연설법　무유궁진　불생피
明_{으로} 而演說法_{호대} 無有窮盡_{하야} 不生疲

권
倦_{하나니라}

하이고　차보살　성취진허공변법계무변
何以故_오 此菩薩_이 成就盡虛空徧法界無邊

신고
身故_라

근성을 따라서 모두 만족하고 마음이 환희를 얻게 하며, 일체 번뇌의 얽힌 때를 없애 버린다.

일체의 음성과 언어와 문자와 변재에 잘 들어가서 일체 중생으로 하여금 부처님의 종성이 끊어지지 아니하고 깨끗한 마음이 상속하게 하며, 또한 법의 광명으로써 법을 연설하여 끝까지 다함이 없으면서도 고달픈 생각을 내지 아니한다.

무슨 까닭인가? 이 보살이 온 허공과 법계에 두루한 가없는 몸을 성취한 까닭이다.

시위보살마하살　제십변장
是爲菩薩摩訶薩의 第十辯藏이니라

차장　무궁진　무분단　무간　무단
此藏이 無窮盡이며 無分段이며 無閒이며 無斷이며

무변이　무격애　무퇴전　심심무저　난
無變異며 無隔礙며 無退轉이며 甚深無底며 難

가득입　보입일체불법지문
可得入이며 普入一切佛法之門이니라

불자　차십종무진장　유십종무진법　영
佛子야 此十種無盡藏이 有十種無盡法하야 令

제보살　구경성취무상보리
諸菩薩로 究竟成就無上菩提케하나니라

이것이 보살마하살의 열째 변장이다.

이 장은 다함이 없으며, 분단이 없으며, 사이가 없으며, 끊어짐이 없으며, 변하여 달라짐이 없으며, 막힘이 없으며, 퇴전함이 없으며, 매우 깊어 바닥이 없으며, 들어가기 어려우며, 널리 일체 불법의 문에 들어간다.

불자들이여, 이 열 가지 무진장에 열 가지 다함없는 법이 있어서 모든 보살들로 하여금 구경에 위없는 보리를 성취하게 한다.

하등   위십
何等이 爲十고

요익일체중생고   이본원   선회향고   일
饒益一切衆生故며 以本願으로 善迴向故며 一

체겁   무단절고   진허공계실개오   심무
切劫에 無斷絕故며 盡虛空界悉開悟하야 心無

한고
限故니라

회향유위   이불착고   일념경계   일체법
迴向有爲호대 而不著故며 一念境界에 一切法이

무진고   대원심   무변이고
無盡故며 大願心이 無變異故니라

선섭취제다라니고   일체제불   소호념고
善攝取諸陀羅尼故며 一切諸佛의 所護念故며

요일체법   개여환고
了一切法이 皆如幻故니라

무엇이 열인가?

일체 중생을 요익하는 까닭이며, 본래의 서원으로 잘 회향하는 까닭이며, 일체 겁에 단절함이 없는 까닭이며, 온 허공계를 모두 깨우치되 마음에 한정이 없는 까닭이다.

유위에 회향하되 집착하지 않는 까닭이며, 한 생각의 경계에 일체 법이 다함이 없는 까닭이며, 큰 서원의 마음이 변하여 달라짐이 없는 까닭이다.

모든 다라니를 잘 거두어 취하는 까닭이며, 일체 모든 부처님께서 호념하시는 까닭이며, 일체 법이 모두 환과 같음을 아는 까닭이다.

시위십종무진법　　능령일체세간소작
是爲十種無盡法이니 **能令一切世間所作**으로

실득구경무진대장
悉得究竟無盡大藏이니라

〈大方廣佛華嚴經 卷第二十一〉

이것이 열 가지 다함없는 법이니, 능히 일체 세간의 짓는 바로 하여금 모두 구경을 얻게 하는 다함없는 큰 무진장이다."

〈대방광불화엄경 제21권〉

大方廣佛華嚴經

부록

·

대방광불화엄경 목차

·

간행사

대방광불화엄경
목차

〈제1회〉

제1권   제1품   세주묘엄품 [1]

제2권   제1품   세주묘엄품 [2]

제3권   제1품   세주묘엄품 [3]

제4권   제1품   세주묘엄품 [4]

제5권   제1품   세주묘엄품 [5]

제6권   제2품   여래현상품

제7권   제3품   보현삼매품

         제4품   세계성취품

제8권   제5품   화장세계품 [1]

제9권   제5품   화장세계품 [2]

제10권   제5품   화장세계품 [3]

제11권   제6품   비로자나품

〈제2회〉

제12권   제7품   여래명호품

         제8품   사성제품

제13권   제9품   광명각품

         제10품   보살문명품

제14권   제11품   정행품

         제12품   현수품 [1]

제15권   제12품   현수품 [2]

〈제3회〉

제16권   제13품   승수미산정품

         제14품   수미정상게찬품

         제15품   십주품

제17권   제16품   범행품

         제17품   초발심공덕품

제18권   제18품   명법품

〈제4회〉

__제19권__ 제19품 승야마천궁품

　　　　제20품 야마궁중게찬품

　　　　제21품 십행품 [1]

__제20권__ 제21품 십행품 [2]

__제21권　제22품　십무진장품__

〈제5회〉

__제22권__ 제23품 승도솔천궁품

__제23권__ 제24품 도솔궁중게찬품

　　　　제25품 십회향품 [1]

__제24권__ 제25품 십회향품 [2]

__제25권__ 제25품 십회향품 [3]

__제26권__ 제25품 십회향품 [4]

__제27권__ 제25품 십회향품 [5]

__제28권__ 제25품 십회향품 [6]

__제29권__ 제25품 십회향품 [7]

__제30권__ 제25품 십회향품 [8]

__제31권__ 제25품 십회향품 [9]

__제32권__ 제25품 십회향품 [10]

__제33권__ 제25품 십회향품 [11]

〈제6회〉

__제34권__ 제26품 십지품 [1]

__제35권__ 제26품 십지품 [2]

__제36권__ 제26품 십지품 [3]

__제37권__ 제26품 십지품 [4]

__제38권__ 제26품 십지품 [5]

__제39권__ 제26품 십지품 [6]

〈제7회〉

__제40권__ 제27품 십정품 [1]

__제41권__ 제27품 십정품 [2]

__제42권__ 제27품 십정품 [3]

__제43권__ 제27품 십정품 [4]

__제44권__ 제28품 십통품

　　　　제29품 십인품

__제45권__ 제30품 아승지품

　　　　제31품 수량품

　　　　제32품 제보살주처품

__제46권__ 제33품 불부사의법품 [1]

__제47권__ 제33품 불부사의법품 [2]

제48권 제34품 여래십신상해품

　　　　제35품 여래수호광명공덕품

제49권 제36품 보현행품

제50권 제37품 여래출현품 [1]

제51권 제37품 여래출현품 [2]

제52권 제37품 여래출현품 [3]

〈제8회〉

제53권 제38품 이세간품 [1]

제54권 제38품 이세간품 [2]

제55권 제38품 이세간품 [3]

제56권 제38품 이세간품 [4]

제57권 제38품 이세간품 [5]

제58권 제38품 이세간품 [6]

제59권 제38품 이세간품 [7]

〈제9회〉

제60권 제39품 입법계품 [1]

제61권 제39품 입법계품 [2]

제62권 제39품 입법계품 [3]

제63권 제39품 입법계품 [4]

제64권 제39품 입법계품 [5]

제65권 제39품 입법계품 [6]

제66권 제39품 입법계품 [7]

제67권 제39품 입법계품 [8]

제68권 제39품 입법계품 [9]

제69권 제39품 입법계품 [10]

제70권 제39품 입법계품 [11]

제71권 제39품 입법계품 [12]

제72권 제39품 입법계품 [13]

제73권 제39품 입법계품 [14]

제74권 제39품 입법계품 [15]

제75권 제39품 입법계품 [16]

제76권 제39품 입법계품 [17]

제77권 제39품 입법계품 [18]

제78권 제39품 입법계품 [19]

제79권 제39품 입법계품 [20]

제80권 제39품 입법계품 [21]

간 행 사

　귀의삼보 하옵고,

　『대방광불화엄경』의 수지 독송과 유통을 발원하면서 수미정사 불전연구원에
서 『독송본 한문·한글역 대방광불화엄경』과 『사경본 한글역 대방광불화엄경』
을 편찬하여 간행하게 되었습니다.

　『화엄경』은 우리나라에 전래된 이래 일찍부터 사경되고 주석·강설되어 왔으
며 근현대에 이르러서는 『화엄경』의 한글 번역과 연구도 부쩍 많이 이루어졌습
니다. 그만큼 『화엄경』이 우리 불자님들의 신행과 해탈에 큰 의지처가 되었던
것임을 알 수 있습니다.

　『화엄경』을 독송하고 사경하는 공덕은 설법 공덕과 함께 크게 강조되어 왔
습니다. 그리하여 수미정사 불전연구원에서도 『화엄경』(80권)을 독송하고 사경
하는 데 도움이 되도록 한문 원문과 한글역을 함께 수록한 독송본과 한글역
의 사경본 『화엄경』 간행불사를 발원하였습니다. 이 『화엄경』 간행불사에 뜻을
같이하여 적극 후원해주신 스님들과 재가 불자님들께 깊이 감사드립니다. 또한
『화엄경』을 수지 독송할 수 있도록 경책의 모습으로 장엄해 주신 편집위원들과
담앤북스 출판사 관계자들께도 고마움을 표합니다.

　끝으로 이 불사의 원만 회향으로 『화엄경』이 널리 유통되고, 온 법계에 부처
님의 가피가 충만하시길 기원드립니다.

　나무 대방광불화엄경

불기 2564년 '부처님오신날'을 봉축하며
수미해주 합장

위태천신(동진보살)

수미해주 須彌海住

동국대학교 명예교수
중앙승가대학교 법인이사
대한불교조계종 수미정사 주지

독송본 한문·한글역

대방광불화엄경 제21권

| **초판 1쇄 발행_** 2021년 12월 24일

| **엮은이_** 수미해주
| **엮은곳_** 수미정사 불전연구원
| **편집위원_** 해주 수정 경진 선초 정천 석도 박보람 최원섭
| **편집보_** 무이 무진 지욱 김지예

| **펴낸이_** 오세룡
| **펴낸곳_** 담앤북스
　　　　서울특별시 종로구 새문안로3길 23 경희궁의 아침 4단지 805호
　　　　대표전화 02)765-1251 전자우편 damnbooks@hanmail.net
　　　　출판등록 제300-2011-115호
| **ISBN_** 979-11-6201-341-0 04220